｜栽｜培｜の｜教｜科｜書｜シ｜リ｜ー｜ズ｜

食虫植物

不思議な生態と品種の美しさ
栽培の基本がわかる入門ガイド

ようこそ、
食虫植物の世界へ。

栄養分の少ない環境に自生し、
虫を捕まえて吸収することで栄養を補う食虫植物。
その種類はさまざまで、
捕虫のスタイルも異なっていて興味深い。
また、独自の進化を遂げた食虫植物は、
草姿もオリジナリティーにあふれていて、
個々の品種の特性を知り、
本来の美しい姿に育て上げていく楽しみがある。
まずは、好みの食虫植物を
見つけることからはじめよう。

わたしの食虫植物
栽培スタイル

食虫植物は知れば知るほど奥が深く、
園芸のなかでも沼にハマりやすいジャンルといわれる。
ここでは食虫植物が大好きで、
豊富な品種を栽培しているおふたりをご紹介。

食虫植物の魅力を
多くの人に伝えたい。

episode. 1　南あこさん

1. 多彩なサラセニアの株に囲まれて。「へり畑」と呼ぶ庭の育成棚は、水槽用クーラーを使用し、安定した温度の水を循環させている。 2. 庭に建てたガラス製の1坪温室。「へり温室」と呼んでいる。3. 息子の和幸くん（7歳）がつくった食虫植物の寄せ植え。4. 最もネペンテスが好みだという南さん。おもに低地性の品種を数多く育てている。5. 所狭しと株が並ぶ温室内。

6. 6 7 8 9

6. ネペンテスは挿し木のほか、実生でも育てている。7. ふた葉のあとに展開する本葉には小さな袋がつく。子株のうちから捕虫袋が観賞できる。8. 温室内ではセファロタスも複数栽培している。9. 自生地の危機が伝えられるネペンテス・マダガスカリエンシスの子株。雌雄それぞれの花を咲かせて交配し、殖やしていく予定だ。

「へりっこ植物園」というチャンネルでYouTubeに動画を上げている南あこさん。食虫植物の魅力と育てかたを女性目線でわかりやすく紹介している。食虫植物を育てるきっかけは11年前。ネペンテス・ビカルカラータの写真を見て、その姿に魅了され、近くの園芸店で売れ残りの株を購入したのがはじまり。その後、関西食虫植物愛好会の集会に参加するようになり、そこで食虫植物の深みにはまる。庭に温室を建て、ネペンテスを中心に栽培するほか、水を循環させる育成棚をつくってサラセニアやドロセラ、ウトリクラリアなど、多彩な種類を育てるようになった。「食虫植物はいろいろな種類をコレクションしたり、ひとつの種類や品種に絞って育てたり、人それぞれの楽しみかたがあります」と南さん。現在、特殊な植物と思われがちな食虫植物の敷居を低くするために、YouTubeでの活動のほか、生け花に食虫植物を取り入れるなど、さまざまなアプローチを考えている。

10　11

12　13

14　15

南さんが現在育てている食虫植物のごく一部。10. ハエトリソウのロイヤルレッド。11. クリオネと呼ばれるウトリクラリア・ワーブルギー。12. 口の角度が鋭角な珍しいタイプのサラセニア・ミノール。13. 兵庫県立フラワーセンター技師の土居寛文氏作出のサラセニア・カテスベイ・ドイ。14. 内班が入るタイプのネペンテス・アラータ。15. 捕虫袋の翼部分がフリル状になる、美しいネペンテス・ラフレシアナ。

手のひらサイズの
愛らしい食虫植物を愛でる。

episode. 2　市野沢真弓さん

1. リビングの日当たりのよい窓辺に設置された栽培棚。LEDライトも設置。2. 白で統一されたポットを使用し、各種ピンギキュラの苗が並ぶ。3. 群生株に育てたピンギキュラ・シクロセクタ。4. 夏はクーラーで温度管理し、ファンをまわす。腰水の水換えは2週に1度。

5

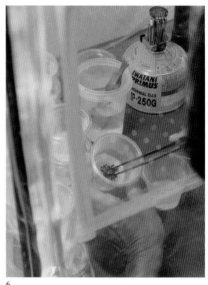

6

7

8

5. プリンカップに培地を入れ、無菌状態で株を殖やしている。6. 汚染を減少させるフードのなかで、滅菌した道具で株を分ける。7. スマホで写真を撮って、SNSでも情報発信している。8. 石づけにしたP.シクロセクタ。

食虫植物の栽培をはじめて8年になる市野沢真弓さんは、室内で本格的な育成を行っている。とくに、愛らしい花を咲かせるピンギキュラ類が好みで、100種以上の品種を所有し、栽培を楽しんでいる。自然光が入るリビングの窓辺に株がずらりと並ぶ光景は圧巻。品種が豊富なため、1年中花を楽しむことができるという。市野沢さんが集めているピンギキュラは、中米の山岳地帯に自生するメキシカングループ。

「メキシカンピンギは夏の暑さに弱いので、今でもよく枯らしてしまいます。でも、それ以上に殖やすことをモットーにして、めげずに栽培しています」と市野沢さんは笑う。葉挿しや実生のほか、無菌培養まで行っているというからすごい。無菌培養は維持管理が容易で、育成スピードも速いので、大切な株を中心に行うという。また、人工授粉による交配種の育成も楽しんでいる。研究熱心な市野沢さんの食虫植物ライフは、まだまだ尽きることはない。

9. はじめて交配させた品種P.レクティフォリア×P.モラネンシス・アルバ。10. P.エセリアナ。入門種といわれる品種だが、なぜかあまり上手に育てられないというから不思議。11. エマルギナータとジプシコラの交配種。12. 突然変異で現れた斑入りの葉（*P.agnata×jaumavensis*）。13. セファロタスも各種栽培。BigBoyと呼ばれる黒い捕虫袋が魅力の品種。14. 袋が重なり合うように、状態よく生長しているセファロタス。

CONTENTS

食虫植物

CHAPTER 4 食虫植物 栽培の基本 ……………… 112

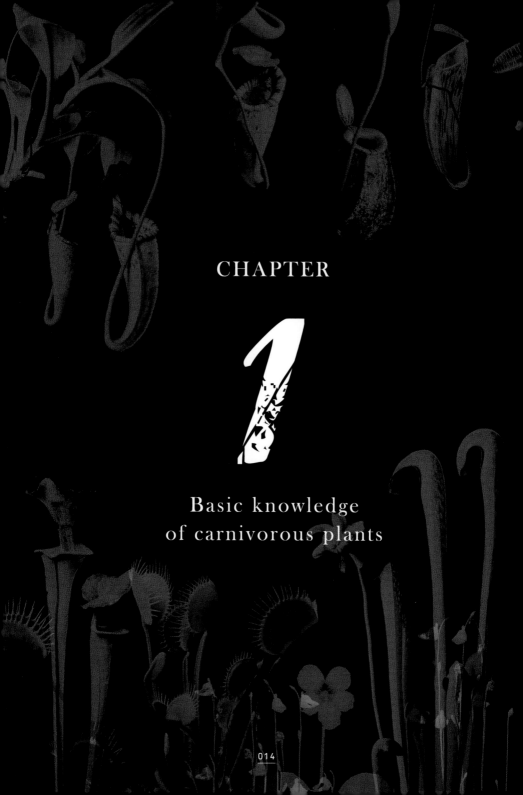

CHAPTER

1

Basic knowledge of carnivorous plants

食虫植物
基礎知識

世界中に分布している食虫植物。まずは、その
仲間となる定義や分類を知り、さらに捕虫の仕
組みに代表される不思議な生態を理解しよう。
また、状態よく栽培するためには、自生地の環
境なども把握しておくとよいだろう。

食虫植物ってどんな植物？

読んで字のごとく、虫を食べる性質を
もつ植物が食虫植物だ。虫を捕まえて消
化・吸収し、自身の栄養とする植物のこと
をいう。大まかな定義としては次の通り。

1) 虫などの小さな生物を捕まえる。
**2) 自身がもつ消化酵素、またはバクテリ
アなどの力を借りて獲物を消化する。**
3) 消化した栄養分を吸収する。

1〜3の性質を持った植物が食虫植物
に分類される。たとえば、ムシトリナデシ
コは茎上部の葉の下に粘液を分泌する部
分があり、ここに虫を付着させる性質が
ある。しかし、捕獲した虫を消化吸収する
ことはないので、食虫植物には含まれな
い。この粘液は効果的な受粉に関与しな
いアリが、茎を登って花に達するのを防
ぐためと考えられている。

ただ、研究が進むなかで、今まで食虫
植物だと考えられてきた種類のなかでも、
消化酵素をほとんど出していない種類や、
虫ではなく、動物の糞や落ち葉などを吸
収している種類が含まれていることがわ
かってきていて、その定義はあいまいにな
っている。したがって、正確には「**根以外
の器官で栄養を得ることができ、そのお
かげで貧栄養の土地に生えることができ
る植物**」のことを食虫植物とする考えか
たが一般的になりつつある。

食虫植物の分類では、現在12科19属
が存在し、800以上の原種が確認されて
いる。ネペンテスやドロセラ、サラセニア、
ピンギキュラ属などは、属しているすべて
の品種が食虫植物なのだが、ブロッキニ
アやカトプシス属などは、グループのなか
の一部だけが食虫植物とされているもの
もある。また、ハエトリソウ（ディオネア）
やセファロタス、ドロソフィルムなどは1属
1種の植物として知られている。これら食
虫植物として扱われる植物だが、その見
た目や生態は多岐におよんでいて、千差
万別。交配種もたくさん登場し、さまざま
な品種が流通するようになっている。

食虫植物の分類

ツツジ目	Sarraceniaceae　サラセニア科	*Darlingtonia*　ダーリングトニア属 *Heliamphora*　ヘリアンフォラ属 *Sarracenia*　サラセニア属
	Roridulaceae　ロリデュラ科	*Roridula*　ロリデュラ属
ナデシコ目	Nepenthaceae　ウツボカズラ科	*Nepenthes*　ネペンテス属
	Droseraceae　モウセンゴケ科	*Drosera*　ドロセラ属 *Dionaea*　ディオネア属 *Aldrovanda*　アルドロバンダ属
	Drosophyllaceae　ドロソフィルム科	*Drosophyllum*　ドロソフィルム属
	Dioncophyllaceae　ディオンコフィルム科	*Triphyophyllum*　トリフィオフィラム属
カタバミ目	Cephalotaceae　フクロユキノシタ科	*Cephalotus*　セファロタス属
シソ目	Lentibulariaceae　タヌキモ科	*Genlisea*　ゲンリセア属 *Pinguicula*　ピンギキュラ属 *Utricularia*　ウトリクラリア属
	Byblidaceae　ビブリス科	*Byblis*　ビブリス属
	Plantaginaceae　オオバコ科	*Philcoxia*　フィルコクシア属
イネ目	Eriocaulaceae　ホシクサ科	*Paepalanthus*　パエパラントゥス属
	Bromeliaceae　パイナップル科	*Brocchinia*　ブロッキニア属 *Catopsis*　カトプシス属

1. ハエトリソウ（ディオネア）
2. ドロセラ
3. ウツボカズラ（ネペンテス）
4. サラセニア

2 Basic Knowledge

虫を捕まえるメカニズム

食虫植物は長い進化の歴史のなかで、効果的な捕虫の方法を身につけてきた。虫を捕まえるそのメカニズムは5つのタイプに分類できる。

落とし穴タイプ

葉が袋状に進化し、袋の内部に虫を落として栄養を吸収する方式が落とし穴タイプの食虫植物だ。ネペンテスやサラセニア、セファロタス、ブロッキニア、ヘリアンフォラ、ダーリングトニア、カトプシスなどがこの方法を用いている。ハエやハチ、アリなど何でも捕まえ、大型のネペンテスではカエルや小型のネズミなどを捕まえることもあるという。

ネペンテスの捕虫袋は葉の先が進化したもので、落ちたら這い上がれない構造をもっている。捕虫袋の蓋の裏側には密腺があり、甘い匂いを分泌させて虫をおびき寄せ、襟と呼ばれる捕虫袋のふちは滑りやすくなっている。袋のなかに落ちる

と、なかには酸性の消化液が溜まっていて、溺死し、時間をかけてじわじわと消化・吸収していく。

サラセニアやヘリアンフォラ、ダーリングトニアなどは、筒状の袋をもった草体で、蜜の臭いなどで虫を誘い、虫を筒のなかに落とす。内部は逆毛で覆われ、虫が這い上がることを難しくしている。

粘着タイプ

葉の表面にある腺毛にネバネバとした粘液をつけて虫を捕まえる。ドロセラやピンギキュラ、ドロソフィルム、ビブリス、ロリデュラなどがこのタイプの仕組みをもっている。

粘着式の代表種であるドロセラは、粘液で虫を捕獲したあと、葉を巻き込むようにして消化・吸収する。この方式だと羽のある小バエや小型のチョウなどが捕まりやすい。ドロセラの生育状態がよくなるほど、大粒の粘液を分泌しやすくなる。

1. 葉の先端が捕虫袋に進化したネペンテス。2. 筒状の捕虫器官をもつサラセニア。3. 左右の葉で虫を捕まえるディオネア。4. ドロセラは粘液で虫を捕獲する。

挟み込みタイプ

　葉の左右で虫を瞬時に挟み込んで捕らえる仕組み。いかにも食虫植物らしいスタイルといえる。ハエトリソウと呼ばれるディオネアのほか、ムジナモのアルドロバンダがこのタイプ。

　ディオネアは葉の内側にセンサーの役割をする感覚毛があり、そこに触れると葉を閉じて捕虫する。すると葉の内側にある腺毛から消化液を分泌し、1週間ほどかけて消化・吸収を行う。この感覚毛は虫以外のものが触れても閉じるが、消化液はタンパク質に反応して出るため、それ以外のものを挟んだ場合は消化せずに葉を開いて排出する。ディオネアにとって、この運動は一度に大きなエネルギーを消費するため、センサーに2回の刺激がないと葉が閉じないようになっている。

吸い込みタイプ

　ミミカキグサやタヌキモなどのウトリクラリアでみられる捕虫スタイル。水中や水を含んだ土中に小さな捕虫嚢をもち、その入り口の弁にある感覚毛に獲物が触れると、スポイトと同じような原理で、水と一緒にミジンコなどの獲物を吸い取る。吸い取ると獲物を弁で閉じ込め、消化・吸収する。

迷路誘導タイプ

　30種あるゲンリセアの仲間にだけみられる捕虫のメカニズムで、根とは異なる器官を地中に伸ばすのが特徴。ゲンリセアの外見はウトリクラリアに似ているが捕虫の仕組みは大きく異なる。

　葉が変形した逆Y字型の捕虫器を地中に伸ばし、らせん状にねじれた部分のすき間から迷い込んだ虫を管内に取り入れ、管内に生える逆毛によって、捕虫器の付け根部分にある袋のなかまで送り込んで消化・吸収を行う。

Basic Knowledge

自生地の環境を知る

　食虫植物は熱帯地域のジャングルに自生しているイメージが強い。種類によっては熱帯雨林のジャングルで生育している種類もあるが、それ以外にも世界中のさまざまな場所で暮らしている。東南アジアやオーストラリア、北米から中南米、アフリカやヨーロッパの一部、さらに日本など、広い地域に分布している。

　ほぼ共通していえるのは、貧栄養の土地に生えているということ。崖や岩場、湿地、沼など、他の植物が育つには厳しい場所にあえて進出することで、種を存続させてきた。土地の栄養分が乏しい分、虫を捕獲して吸収するように進化してきたたくましく、魅力的な植物なのだ。

　もっとも身近な食虫植物といえばドロセラだろう。温帯から熱帯地域にかけて広く分布し、日本でもモウセンゴケやコモウセンゴケ、ナガバモウセンゴケ、イシモチソウなどの種類が湿原や田んぼの近くなどで見られる。このほか、ピンギキュラやウトリクラリアも国内に自生している。

高山にムシトリスミレやコウシンソウ、沼に浮遊するタヌキモ類、湿地に生えるミミカキグサ類がある。

　サラセニアやハエトリソウのディオネアは、アメリカ東部の日当たりのよい湿地や林に自生している。水分と強い日ざしを好む性質があり、日本と同じ四季のある地域で過ごしているため、冬に保温をすることなく育てられる。

　ネペンテスは東南アジアやスリランカ、マダガスカルなどの熱帯地域に分布する食虫植物で、唯一ジャングルのイメージに当てはまる種類だ。自生する標高の高さによって、大きく低地性（ローランド）と高地性（ハイランド）、その中間タイプに分けられる。低地性の種は寒さに弱く、高温多湿を好む傾向がある。高地性は標高約1500m以上の山岳地帯に自生していて、夏の暑さに弱く、冷房が必要になる場合もある。中間種は標高800mから1500mまでの山岳地域に生息し、低温と空気の乾燥に強い品種が多い。

1. 沖縄に自生するコモウセンゴケ（*Drosera spathulata*）。2. 開けた湿地帯に生えるイシモチソウ（*Drosera lunata*）、三重県。3. 水辺の崖に生えるモウセンゴケ（*Drosera rotundifolia*）、千葉県。

4

5

6

4. 木の幹に絡みついて茎を伸ばし、大きな捕虫袋をつけるネペンテス・ビーチー（*Nepenthes veitchii*）。ボルネオ島、標高約1000m。5. ボルネオ島の標高1500m以上の地域に自生する高地性の代表種、ネペンテス・ローウィー（*Nepenthes lowii*）。6. やや小ぶりの袋をつけるネペンテス・テンタキュラータ（*Nepenthes tentaculata*）。ボルネオ島、標高約1000m。

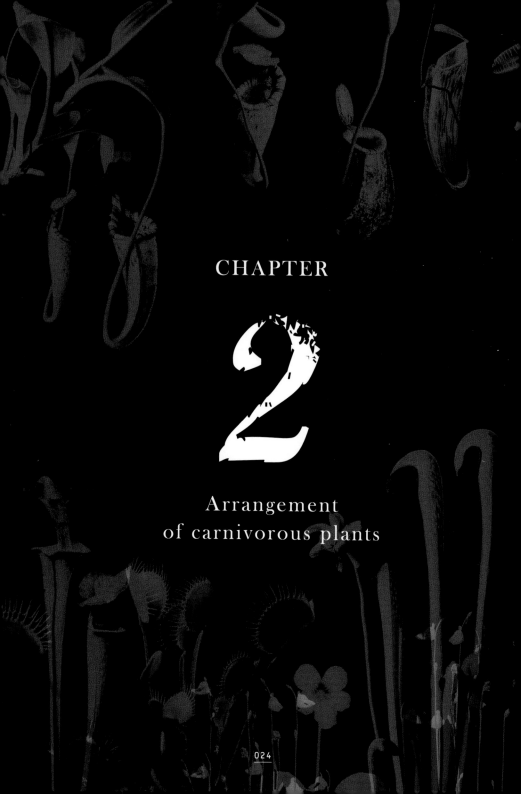

CHAPTER

2

Arrangement
of carnivorous plants

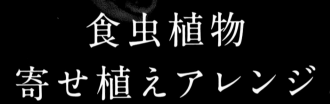

食虫植物
寄せ植えアレンジ

食虫植物を美しく育てられるようになったら、さ
まざまな寄せ植えにもチャレンジしてみたい。水
分を好む個性的な食虫植物は、テラリウムの
主役になり得る植物だ。色彩や形状を考慮し
て、バランスよく植えつけよう。

作品制作＝広瀬祥茂（ヒロセペット）

Arrange *01*

小さなグラスを並べて
植物の個性を楽しむ。

　小型のグラスに個性の異なる食虫植物を植栽した。白い小花がかわいらしいウトリクラリア・リビダ、ビックマウスという品種名のディオネア、形状が美しいコモウセンゴケ（ドロセラ・スパスラータ）をそれぞれ主役に。

　流木や小枝、平たい石などをあしらい、グラス内に高低差のある地形をつくっているのがポイント。また、食虫植物以外にも水分を好む植物を配置。ホソバオキナゴケやアオギヌゴケのコケ類のほか、ソレイロリア、レインボーファンといった小さな葉が特徴の観葉植物も植えられている。水を切らすことなく、日が当たる明るい窓辺で管理したい。

ガラス容器のなかに風景をつくる。

　直径約10cmのガラスポットに食虫植物をレイアウト。限られた空間のなかでも、食虫植物の草姿を生かした風景をつくることができる。

　手前のアレンジではドロセラ・マダガスカリエンシスを主役に、ホソバオキナゴケとフィカス・プミラ・ミニマ、レインボーファンを合わせた。溶岩石を大胆に配置し、傾斜をつけてアクアプランツソイルを入れ、草丈のあるドロセラを一番目立つ場所に植えている。もう一方のアレンジのメインは、ハエトリソウのビックマウス。背景に流木を置き、用土を盛って、ホソバオキナゴケとコケモモイタビを植えた。

Arrange 03

高低差を生かして
ネペンテスと
ハエトリソウを植える。

しずく型のガラスポットにネペンテスとハエトリソウを植栽したアレンジ。小型のネペンテスはクイーンマラニーという交配種で、ベントリコーサとロブキャントレイをかけ合わせたもの。ディオネアは大きな葉の内側が真っ赤に染まるビックマウス。

流木と溶岩石で前後の高低差をつくり、手前にディオネアを、流木の背後のスペースにネペンテスを植えている。さらに、フィカスsp.やフィットニア、ニューラージパ

ールグラスなどを植え、アオギヌゴケを配置して、ナチュラルな雰囲気のテラリウムに仕上げている。

他の植物に比べて食虫植物の根は発達していないので、根をやさしく水苔で包んだあとに植えるのがポイント。水を切らさないように管理するため、器の底には軽石やハイドロボールを入れ、根腐れ防止剤を施しておくと安心だ。さらに高輝度のLEDライトを当てて育てたい。

Arrange 04

小型水槽で
サラセニアを
愛でる。

小型の縦長水槽にサラセニアを植えて。
品種はマルーンと呼ばれる交配種。小型
の葉がたくさん生える育てやすいサラセ
ニアだ。バルブの芽が出る方向を意識し
て植えつけるとよい。状態よく育てるには、
日ざしが入る窓辺に置くか、明るいLED
ライトが必要になる。

サラセニアのミノールとプルプレアを交配させたスワニアナという園芸種を引き立てる寄せ植え。サラセニアの根を水苔で巻いて植えつけているほか、アクアソイルのほかに造形材を使って流木や溶岩石の表面にコケやシダ類、クリプタンサスなどを植栽している。

Arrange

Arrange 05

小さなグリーンを多用して、自然感あふれる寄せ植えに。

034

Arrange 06

食虫植物が主役の
パルダリウム・アレンジ。

照明には植物育成用の「ジュアLEDライト」を使用。太陽光と同じスペクトルで、少量の紫外線も放つLEDライト。

ネペンテス 'レディーポーライン'

ネペンテス 'レディーラック'

サラセニア・プルプレア

　原産地が異なる食虫植物を複数用い、イメージを膨らませて、ひとつの世界をつくりあげたパルダリウムだ。独創的なフォルムの食虫植物がよいアクセントになっていて、自然感のある風景を表現している。

　作品の中央には捕虫袋の柄が特徴のレディーポーラインという交配種を配置し、そのサイドにはアンプラリアとベントリコーサをかけたレディーラックを植えている。景観の流れを受け止める左手前にはサラセニア・プルプレアを。右側にはさりげなくコモウセンゴケを配置した。

　幅30×奥行き30×高さ45cm水槽を使用したレイアウトの土台づくりには、大小の流木を左右から手前に向けて配置し、左奥に空間をつくることで奥行き感のある世界を演出。底床にはアクアソイル、背面と側面には造形材を使って多彩な植物を植えつけている。フィカス・プミラやツタsp.、ジャカランダ、ダバリア、コケモモイタビ、ホソバオキナゴケなど、ひとつひとつは主張しないが、ナチュラルな雰囲気の植物が散りばめられている。

　とくに、サラセニアとドロセラは明るい環境を好むので、高輝度のLEDライトの照射は欠かせない。

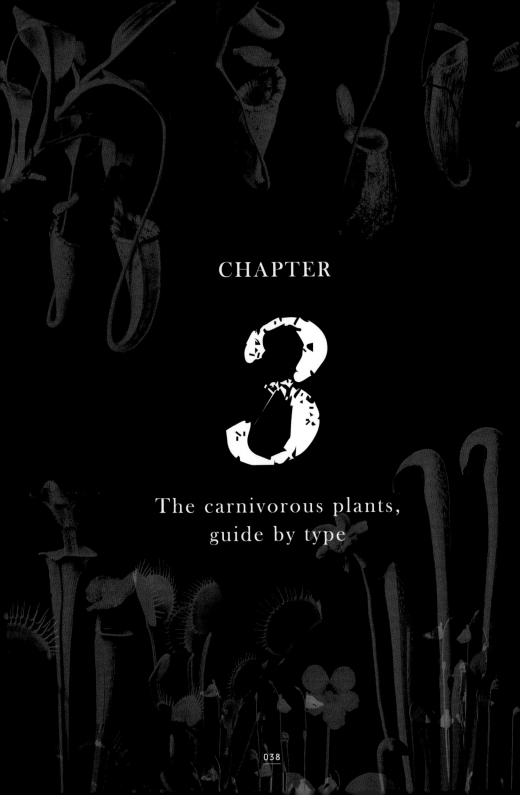

CHAPTER

3

The carnivorous plants, guide by type

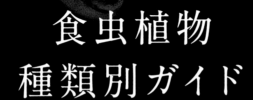

食虫植物
種類別ガイド

多様な種類が存在し、交配種を含めると数え
切れないほどの品種が誕生している食虫植物の
仲間。ここでは栽培を目的に広く楽しまれてい
る種類を中心に、各種の特性や栽培法、代表
的な品種の魅力をフィーチャーする。

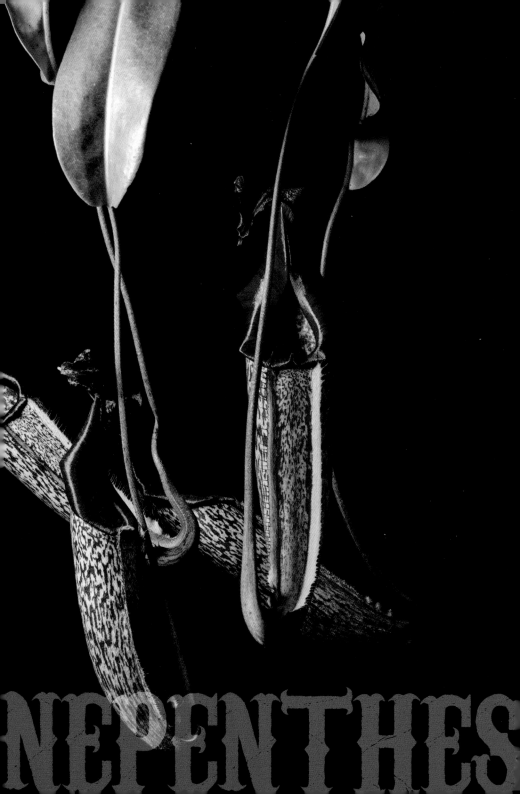

NEPENTHES

ネペンテス

葉 の先端に壺のような独特な形状の捕虫袋をつけるネペンテス。ウツボカズラという和名で古くから親しまれてきた、食虫植物を代表する種類だ。つる性の多年生植物で、インドネシアやマレーシア、タイ、ラオスなどの東南アジアのほか、スリランカやマダガスカルなど、熱帯地域を中心に広い範囲に分布している。

ネペンテスの捕虫袋は、葉の先端がつる状に伸びた先に形成される。入り口の上部につく蓋の内側には密腺があり、甘い香りを漂わせて虫を誘う。袋の襟部分には細かな凹凸があり、滑りやすい構造になっている。虫が袋のなかに滑り落ちると、内部に溜まった強酸性の消化液によって分解され、栄養分として吸収される。

原種は現在、170種以上を数え、人工交配種も数多く作出されている。種類によって捕虫袋の個性はさまざま。サイズや形状、色彩や柄などのバラエティーがとても豊富で、好みのタイプを探したり、コレクションする楽しみがある。種類によっては、茎が伸びた後につく袋（上位袋／アッパーピッチャー）と、茎が徒長する前につける袋（下位袋／ロウピッチャー）の形状が大きく異なる品種もある。このほか、株元まわりの地表に袋を形成するタイプ（地上袋／グランドピッチャー）もある。

株が生長すると、地味で小さな花を穂状に咲かせる。花には雄花と雌花があり、別々の株に咲くため、タネを採るには雌雄の株を用意する必要がある。

葉から伸びるつるの先端に袋が形成される（左）。雄花（中央）と受粉後の雌花（右）。

CARNIVOROUS PLANTS 01
NEPENTHES CULTIVATION METHOD

ネペンテスの栽培法

　ネペンテスは東南アジアを中心に、熱帯から亜熱帯地域に広く分布している。自生地の範囲が広いため、多様な環境に適応した品種が数多く存在している。たとえば、高温多湿で強い日が射し込むジャングル周辺に自生するものから、冷涼で夜間は霧で被われる高山に自生するものまでさまざまだ。ネペンテスを栽培するうえで、低地性（ローランド）と高地性（ハイランド）、さらにその中間の性質をもつ3つのタイプに分けることができる。

　低地性のネペンテスは、熱帯雨林の開けた平地や崖などに生え、年間を通して雨量が多く、常に湿った土地に自生している。高温と多湿を好み、冬の低温を苦手としているグループだ。一方、高地性のネペンテスは、標高2000m級の山岳地帯に自生しているもので、気温は低く、霧が立ち込める冷涼多湿の環境で暮らしている。したがって、夏の高温を嫌う性質をもつ。中間地性では、標高800m以上の山地に自生するタイプで、比較的低温にも強く、土壌の乾燥にも耐える種類が多い。

日当たりと置き場所

　ネペンテスの最適な日当たりは季節によって異なる。春から秋にかけては日当たりのよい場所で管理するが、真夏の直射日光には注意が必要。葉焼けを起こすことがあるので、50%の遮光を施すか、風通しのよい明るい日陰に移動するとよい。高地性のネペンテスでは、夏は冷房のついた室内などで管理する。

　熱帯から亜熱帯原産のネペンテスは、全般的に冬の寒さに弱い。気温が15℃以下になったら、屋内で管理する準備を。日中は日のよく当たる窓際に置くのがおすすめだ。高地性や中間地性の種類では、低温に耐えるものもあるが、しっかりした袋をつけるように生長させるためには、10℃以上をキープしたい。暖房をつけると空気が乾燥しやすいため、加湿器などを使って一定の湿度も維持したいところだ。

低地から中間地性のビーチー（左）と、高地性のローウィー（右）。
産地によって栽培法が異なってくる。

水やり

　湿度の多い環境を好む植物なので、水切れに注意し、土の表面が乾いたらたっぷりと水を与えるようにする。一般的な食虫植物は腰水で育成させるが、ネペンテスでは根腐れを起こす心配があるので、腰水はおすすめしない。また、空中湿度を好むため、1年中霧吹きを使って株全体に水をかけてやるとよい。とくに夏場は水切れに注意が必要だが、日中の炎天下で水やりすると鉢内が蒸れて高温になることがあるので、朝か夕方に行うとよいだろう。秋になると、徐々に生育が鈍ってくる。15℃以下になったら水やりの回数を少し減らしていき、土の状態を見ながら、表面が乾いてきたら水を施すようにする。冬でも湿度を保つために葉水を行うとよい。

植えつけ・植え替え

　植えつけの基本用土は、水苔または鹿沼土がおすすめ。水苔の場合は1〜2年で植え替える必要がある。植え替えの適期は5〜6月。枯れている葉や根を取り除き、株のサイズに合わせて鉢増しし、深めに植えつけるとよい。また、つる性の植物なので、生長すると茎が倒れてくるため、支柱を立てて茎を固定する。

殖やしかた

　ネペンテスの繁殖は挿し木が一般的。長く伸びた茎をカットし、挿し穂をつくる。脇芽が出る部分（葉の付け根の少し上にある窪んだ部分）を確認しながら2節が残るように切り、葉は蒸散を防ぐために半分から3分の2ほどを切り詰める。鉢に鹿沼土を入れ、芽が出る方向を意識しながら挿し、たっぷりと水やり。はじめは腰水で管理し、1カ月ほどで発芽、2カ月ほどで発根が確認できる。

　このほか、実生で殖やすこともできるが、雌雄異株なので、タネを採るには雄株と雌株を用意してそれぞれ花を咲かせ、受粉させる必要がある。人工授粉によって、さまざまな交配を楽しむことも可能だ。

Nepenthes alata
ネペンテス・アラータ

フィリピンに自生する中型のネペンテスで、日本で最も普及しているポピュラー種。袋全体が緑色で上部のみが赤いグリーンタイプのほかにも、産地によってさまざまなタイプや変種があり、なかには真っ赤なものや美しいまだら模様が入る個体もみられる。性質は中間地性で、比較的低温や高温、用土の乾燥にも強く、育てやすい品種といえる。生長スピードも速く、よく日に当てて育てると袋の赤みが増してくる。

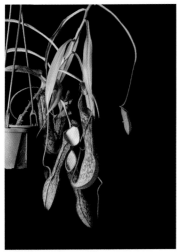

N.alata
捕虫袋の全体に赤いまだら模様が入る
美しいアラータ。

N. 'Kihachijo'
アラータとマキシマをかけてつくられた
人工交配種のキハチジョウ。1982年、
一正園作出。

Nepenthes veitchii
ネペンテス・ビーチー

ボルネオ島の標高800m以上の山岳地帯に自生しているネペンテス。地を這うタイプが基本だが、木を登るタイプも存在する。ビーチーは、袋の色や形にさまざまなバリエーションがあって人気が高い。とくに大きく広がる襟が特徴的で、成長した捕虫袋はとても見応えがあって美しい。葉も大きくてやや幅が広い。葉や袋に厚みがあり、乾燥に強くて栽培しやすい。やや乾かしぎみに栽培すると形のよい株に仕上がる。

N.veitchii × northiana (上)
ビーチーとノーシアナの交配種。

N.veitchii × burbidgeae (左)
ビーチーとバービッジアエの交配種。

N.veitchii

N.maxima

Nepenthes maxima
ネペンテス・マキシマ

インドネシアのスラウェシ島やニューギニア島に広く分布する大型のネペンテス。分布が広いためさまざまな変異がみられるが、一般的には明瞭なまだら模様に覆われた大きなピッチャーが魅力。日本でも古くから栽培され、数多くの交配に使用されてきた。夏の暑さにはやや弱く、夏場に調子を崩したり捕虫袋をつけなくなることも。ただし、冬の寒さには比較的強く、温室のない一般家庭でも冬越ししやすい。

N.maxima × vogelii
マキシマとボゲリーの人工交配種。上位袋（下）と下位袋（右）で形状が大きく異なる。

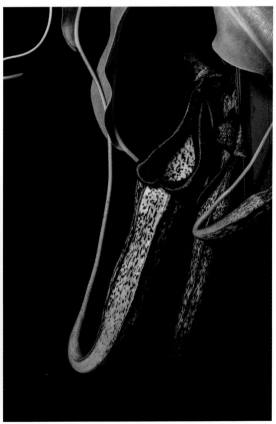

Nepenthes ampullaria
ネペンテス・アンプラリア

　ボルネオやスマトラ島などに広く分布する種類で、丸い形状の小さな捕虫袋をたくさんつける。株が生長すると、上部の葉先に袋をつけるほか、表土に袋が現れるグランドピッチャーもみられる。低地性で、夏の高温でも元気に生育してくれる。

N.ampullaria

Nepenthes ventricosa
ネペンテス・ベントリコーサ

　　フィリピンのルソン島などに分布するベン
トリコーサは、標高1000〜2000mの山岳地
帯に自生する。中央部が大きくくびれるひょ
うたん型の捕虫袋が特徴。斑点系やクリー
ム色などのバリエーションもみられる。

N.ventricosa × ampullaria
ベントリコーサとアンプラリアの交配種。

Nepenthes albomarginata
ネペンテス・アルボマルギナータ

ボルネオ島やスマトラ島、マレー半島の広範囲に分布する低地性のネペンテス。捕虫袋のサイズは10〜15cm程度で細長い。葉も細長くて、他のネペンテスにない繊細な雰囲気をもつ。袋の開口部が白いラインで覆

われる特徴があり、さらに変化に富んだ袋の色彩も魅力。緑色から赤紫、暗黒色まで、いくつかのタイプに分けられる。低温には弱いため、冬季は必ず室内の暖かい場所で管理を行う。

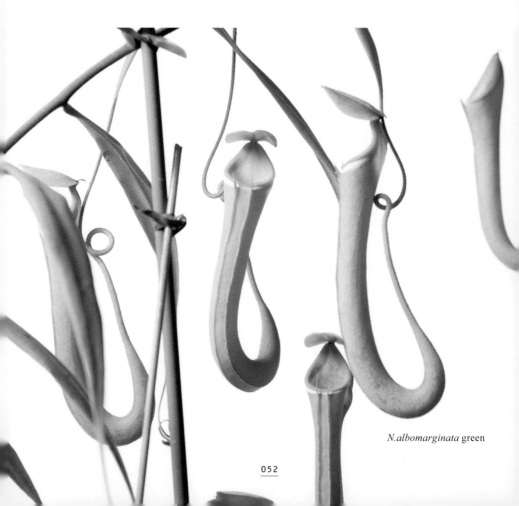

N.albomarginata green

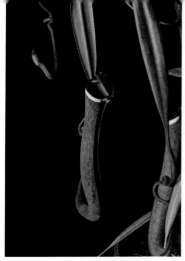

N.albomarginata sillver

N.albomarginata red

Nepenthes gracilis

ネペンテス・グラシリス

　低地性のネペンテスで、東南ア
ジアの広範囲に分布する。10cm
程度に生長する小型の袋は赤く
色づくタイプが多い。夏の直射日
光でも問題なく生長し、脇芽も発
生しやすいのでたくさんの捕虫
袋を観賞することができる。

N.gracilis red

N.truncata 'Red Flush'

Nepenthes truncata

ネペンテス・トランカータ

フィリピンのミンダナオ島にのみ分布する固有種。低地から標高1000mまで自生する範囲は広いが、湿度の高い地域にのみみられ、日当たりのよい崖地や樹上に着生する。

捕虫袋は大型で、細長い円筒状、下部がやや膨らんだ漏斗状になる。また、茎が長く伸びず、まとまった形になることも特徴だ。比較的低温と乾燥にも強く、栽培しやすい。

Nepenthes 'Dyeriana'

ネペンテス ダイエリアナ

ネペンテスの最高傑作と呼ばれる交配種で、ミクスタ（ *N.*'Mixta'／*northiana×maxima*）とディクソニアナ（*N.*'Dicksoniana'／*rafflesiana×veitchii*）をかけ合わせて作出された。袋全体に広がるまだら模様が美しい。寒さには弱いが、耐暑性があり栽培しやすい。

N. 'Dyeriana'

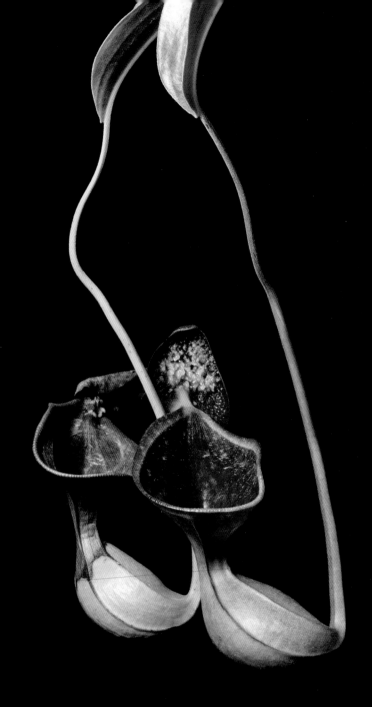

N.lowii

N.(lowii × veitchii) × burbidegae
ローウィー×ビーチーにバービッジアエ
をかけ合わせた交配種。高地性の性質。

N.[(lowii × veitchii) × boschiana] ×
[(veitchii × maxima)×veitchii]
ローウィーのほか、ビーチーやマキシマな
どを交配させた品種。性質は中間地性。

Nepenthes lowii
ネペンテス・ローウィー

高地性ネペンテスの代表的な人気種。ボ
ルネオ島、2000m級の山岳地帯に自生する
固有種で、その独創的なフォルムの捕虫袋
が魅力。成長が遅く、冷涼多湿の環境を好
むため栽培難易度はとても高い。しかし、
その美しい袋の育成をめざして、ハイランド
系の愛好家の間ではこぞって栽培されてい
る。夏は涼しい環境で育てるほか、とくに日
当たりを好むため、良好な生育には十分な
日照が不可欠となる。

Nepenthes rajah
ネペンテス・ラヤ

「ラジャ」とも呼ばれる、大型の袋が特徴の高地性。ボルネオ島の最高峰・キナバル山とその周辺の山に自生する固有種で、トランカータやメリリアナと肩を並べる巨大種として知られている。ピッチャーのサイズは高さ40cmほどにもなる。開口部が広いため横幅も大きい。現地ではネズミなどの小動物も餌食にしているという。

N.rajah

Nepenthes glabrata
ネペンテス・グラブラータ

　インドネシア、スラウェシ島の
固有種。比較的小型のネペンテ
スで、カラフルな捕虫袋をつける。
栽培は高地性種のなかでは簡単
な部類で、冷涼地でなら無冷房
栽培も可能だ。

Nepenthes gymnamphora
ネペンテス・ギムナンフォラ

　スマトラ島、ジャワ島などの高
地に分布するネペンテス。株は小
型で葉も小さい。捕虫袋は全体
に赤みを帯び、サイズは5cmほど。
状態よく育てれば、たくさんの袋
をつけてくれる。

N.hamata

Nepenthes hamata
ネペンテス・ハマタ

インドネシア、スラウェシ島の標高1400〜2500m地帯に自生する高地性ネペンテス。まだら模様の捕虫袋には、いたるところに長くのびる毛が生え、独特な雰囲気をもつ。

また、襟部分の凹凸が牙状になっていて、硬く鋭いのも特徴。株が生長すると袋のサイズは20cmほどになる。夏は、高い湿度で涼しく管理するのがポイントになる。

Nepenthes mollis
ネペンテス・モリス

ボルネオ島の標高1500m以上の高地に自生する固有種。近年 N.hurrelliana とされていたものからモリスに変更となった。細長い形状の袋と、大きく縦に伸びる襟が特徴で、あざやかなまだら模様が入る魅力的なネペンテス。

N.mollis

N.jacquelineae

Nepenthes jacquelineae
ネペンテス・ジャクリネアエ

2000年に西スマトラで発見された比較的新しい品種。標高1700～2200m地点に自生する高地性のネペンテスで、特徴的な補虫袋が人気。小型の袋は、全体が真っ赤に染まり、水平に広がった襟部分が唇のように見える。このほか、緑色の地に褐色の斑点が入るタイプもあるようだ。状態よくピッチャーをつけるためには、年間を通して冷涼多湿の環境をつくる必要がある。夏場の直射日光にも注意が必要。

N.jamban

Nepenthes jamban
ネペンテス・ジャンバン

スマトラ島の標高1800〜2000mの山岳地域に自生する小型のネペンテス。2006年に記載された新しい品種だ。種小名のjambanは現地語でトイレを意味している。真っ赤に染まるピッチャーは独特で愛らしい。夏でも最高気温26℃を維持し、80％以上の湿度のある環境で育てると、多くの捕虫袋をつけてくれる。

N.sanguinea

　種小名の*sanguinea*は、血紅色のという意味で、捕虫袋の赤い色合いを表している。マレー半島の1300〜1600mの産地に分布し、高山の頻繁に霧がかかるような冷涼多湿な場所に自生している。夏の暑さに弱いので、できるだけ涼しい環境で育てたい。

Nepenthes sanguinea
ネペンテス・サンギネア

Nepenthes spectabilis

ネペンテス・スペクタビリス

スマトラ島の1400〜2400m程度に自
生する高地性。細長い筒状のピッチャ
ーで、濃い色合いのまだら模様が美し
い。夏の暑さを避け、湿度の高い冷涼
な環境で栽培する。

N.spectabilis

DIONAE

CARNIVOROUS PLANTS ②
DIONAEA

ディオネア

エトリソウと呼ばれるディオネアは、いかにもそれらしい姿をした食虫植物の一種だ。葉柄の先に、二枚貝のような葉をもち、両方から挟み込む形で虫を捕らえる。捕虫葉のまわりにはまつ毛のようなトゲがあって、なんとも不気味な様相。葉の内側には感覚毛が生え、虫が短時間に2回以上触れるとすばやく葉を閉じ、葉の内側の腺毛から消化液を出し、1週間ほどかけて消化・吸収を行う。葉を閉じるのに2回の刺激が必要なのは、獲物を確実に捕らえるため。1回目の接触で虫を確認し、2回目の接触で葉の真ん中にきたことを確認している。いたずらに指で触って運動させ続けると、疲れて枯れやすくなるので注意しよう。

ディオネア属はムスキプラ種のみが存在する、1属1種の植物だ。しかし、園芸品種として、茎が立ち上がるタイプや放射状に伸びるタイプ、赤みが強いタイプなどが古くから区別されて栽培され、個性のある多彩な品種が誕生している。ノーマルより捕虫葉が大きくなるものや小さな株にまとまるもの、鋸歯が短いもの、株全体が赤黒く色づくものなど、多彩な品種が知られ、栽培の楽しみが広がっている。

センサーで感知したら葉を閉じて虫を捕まえる（左）。
初夏に白い花を咲かせる（右）。

ディオネアの栽培法

特異な草姿から、熱帯のジャングルにひっそり生息しているイメージをもちやすいディオネアだが、自生地は北アメリカ東部の限られた地域で、日当たりのよい平地の湿原に生えている。したがって、株は直射日光が十分に当たる場所で栽培することが大切になる。

また、北アメリカが原産なので、冬に保温する必要もない。気温が下がると生育を止めて休眠状態になる。生長が止まっても枯れてしまったとあきらめず、日当たりのよい場所で水を切らさずに育てれば、次の春に新芽を出して生育をスタートさせる。

水を好むので、いつでも水を切らさないように注意する。水切れが心配な場合は腰水で管理するとよい。腰水は、水を張った容器に複数の鉢を入れるスタイルで、用土が常に湿った状態を保つための潅水方法だ。ただし、あまり深い水に浸けてはいけない。鉢の底から1〜2cm程度の深さで十分だ。こまめに水やりができるなら腰水を行う必要はない。

また、真夏の時期は腰水の水温が上がりすぎないように注意しよう。日ざしの強い7〜8月は、日陰になる場所に置き、風通しを図り、夜なるべく涼しくなるよう、夕方から夜にかけて水やりを行うとよい。

初夏に咲く白い小花は清楚な雰囲気がある。秋にタネをつけるが、同時に株も弱るため、実生で殖やす目的がなければ、花後に茎をカットしておく。

根は細く弱々しいが、まっすぐ下に伸びるので、植えつける際の鉢はやや深いタイプを使用するとよい。用土は水苔が基本になる。株元から新芽が出る方向を確認して、根を水苔で巻いて植えつける。水苔は傷みやすいため、株は毎年植え替えるのがおすすめ。植え替えは休眠期の1〜2月が適期といえる。株が大きくなって、複数の生長点を発見できれば、株分けで殖やすことも可能だ。

このほか、葉挿しや実生でも繁殖させることができる。葉挿しは、葉をつけ根から分離し、水苔に挿すと1カ月ほどで新芽が出る。植え替えや株分けの際に、はずれた葉を利用するとよい。

Dionaea muscipula 'Red Green'
ディオネア・ムスキプラ 'レッドグリーン'

緑と赤、色彩のコントラストがはっきり
したハエトリソウ。捕虫葉が大きくトゲ
も長くて存在感がある。

Dionaea muscipula 'Alien'

ディオネア・ムスキプラ'エイリアン'

何でも食べてしまう怪物の口を連想させるような捕虫葉が魅力。茎は立ち上がらないタイプで、捕虫葉は細長く、トゲの部分が内側に向く。

Dionaea muscipula 'Bristol Teeth'
ディオネア・ムスキプラ 'ブリストルトゥース'

鋸葉が短くて細かいタイプのディオネア
で、日によく当てて育てると内側が濃
い赤色に染まる。

捕虫葉の内側がギザギザしていて、まるで
サメの歯のよう。茎が上に伸びるタイプ。

Dionaea muscipula 'Shark Teeth'
ディオネア・ムスキプラ 'シャークトゥース'

DROSERA

ドロセラ

㊟ の表面に生える腺毛から粘液を分泌させ、この粘液によって虫を捕獲するという特性をもっているのがドロセラだ。虫が葉に粘着すると粘液が追加補充され、葉を湾曲させて獲物を抑え込み、さらに消化酵素を分泌して、じわりじわりと栄養分を吸収していく。この粘着方式の食虫植物は、羽をもつ虫が捕まりやすく、小バエや小型のチョウなどがターゲットにされる。なお、ドロセラは虫をエサにしなくても光合成で十分生きていけるが、虫を捕獲している個体のほうが生育や花つきがよくなるようだ。

　ドロセラ属は200種以上が知られ、温帯から熱帯地域にかけて広く分布している。日本にもモウセンゴケやナガバノモウセンゴケ、イシモチソウなどが自生し、湿原など土壌の酸性度が高く、栄養塩に乏しい環境に適応している。

ドロセラの栽培法

ドロセラの仲間は全世界に分布し、品種によってその生態もさまざま。球根性の種類やピグミードロセラと呼ばれるごく小型の種類、多年草から一年草の種類まで多種多様だ。栽培を目的とする生育型で大きく分けると、冬芽をつくって休眠する寒地性、温帯性のものと、冬芽をつくらない亜熱帯、熱帯性のものに分けることができる。

冬季に休眠するグループは冬の加温は不要で、戸外でそのまま栽培できるが、熱帯グループのドロセラは、冬に室内や温室に取り入れ、加温する必要がある。

ほとんどの種類で日光を好むため、日当たりのよい場所で育てるのが基本となる。また、湿地帯に生えている種類が主なので、腰水での栽培がおすすめだ。

植えつけの用土には、水苔か小粒の鹿沼土を利用する。植えつける際、あまり深く植えすぎると根が伸びにくく、根腐れを起こしてしまうことがあるので注意しよう。株はだいたい1～2年で植え替えるとよい。適期は生育期に入る前の3～4月ごろがベストといえる。殖やしかたは、タネを採ってまく実生のほか、株分けや葉挿しでも繁殖させることができる。

オーストラリアに自生する球根ドロセラは、乾季（日本では夏）に球根の形で休眠するタイプ。栽培は秋に活動をはじめるタイミングで植えつける。ピートモスや鹿沼土などを混ぜた用土に植え、腰水にして日当たりのよい場所で管理する。温度は最低8℃を維持する。春ごろには地上部を枯らし、球根の形で休眠する。実生、または球根の分球によって殖やすことができる。

このほか、ピグミードロセラと呼ばれる仲間は、ムカゴを形成するグループだ。用土は水苔ではなく、鹿沼土とピートモス、川砂などをブレンドしたものがよく使われる。秋から冬に小さなムカゴが発生するが、これをはずして湿った用土のうえに、1cm程度の間隔で並べると、1週間ほどで発芽し、1カ月ほどで立派な親株に生長する。

Drosera spatulata
ドロセラ・スパスラータ

　コモウセンゴケという和名をもち、日本やオセアニアに自生するドロセラ。葉は密生し、きれいなロゼットをつくるのが特徴。冬は生長点を含む中央部分だけを残して枯れてから越冬する。室内で7℃以上を保てば、そのまま生育させることもできる。

Drosera peltata
ドロセラ・ペルタータ

オセアニアから、熱帯および温帯アジアに
広く自生し、少し乾燥した湿原や栄養の乏
しい荒地に生育する。地下球をもっている
ため腰水にすると腐りやすい。初夏に開花
した後、枯れはじめて休眠する。

Drosera anglica × tokaiensis
ドロセラ・アングリカ
×トウカイエンシス

2016年に登場した交配種。アングリカ（ナ
ガバノモウセンゴケ）と、東海地方に自生
するトウカイエンシスの特徴をあわせもつ。
寒さに強くて丈夫だが、5℃以上を維持す
ると状態よく育つ。

Drosera 'Nagamoto'

ドロセラ 'ナガモト'

　アングリカ（*D.anglica*）とスパスラータ（*D.spatulata*）の人工交配種。
寒くなる秋から冬にかけて、生長が一時的に止まり、春すぎに新しい葉
が出てくる。戸外での越冬も可能だが、温室や室内で管理すれば、1年
中生育を続ける。

Drosera filiformis
ドロセラ・フィリフォルミス

　北アメリカ東部原産のドロセラで、イトバモウセンゴケという和名をもつ。茎は短いが葉は長く、株元付近からたくさん出て立ち上がる。腺毛が赤いタイプや葉全体が赤くなるタイプもある。寒くなると鱗茎をつくって越冬する。株分けや葉挿しで殖やせる。

D.binata var.*dichotoma*

Drosera binata
ドロセラ・ビナタ

　オセアニア原産で、冬に休眠するグループのドロセラ。捕虫葉が二又に分かれることからサスマタモウセンゴケとも呼ばれる。変種で四又に分かれるタイプもある（ヨツマタモイウセンゴケ）。太い根をもっているため、根伏せで殖やすことができる。

　マダガスカルと熱帯アフリカに自生するドロセラで、スプーン状の捕虫葉が四方に広がる。ある程度生長すると枯れ込むが、しばらくすると根元から芽吹いてくる。熱帯地域原産で夏の暑さには耐えるが、冬の寒さには弱い。冬季は10℃を保てば冬越しできる。葉挿しで簡単に殖やせる。

Drosera madagascariensis

ドロセラ・マダガスカリエンシス

Drosera adelae

ドロセラ・アデラエ

　オーストラリア北東部に分布する大型種。短い茎から細長い捕
虫葉を伸ばし、長さは20cm程度に生長する。根は地表近くで広
がり多くの不定芽を出す。日当たりのよい場所で育てると葉はや
や小さくなり、赤みを帯びる。冬は5℃以上を保てば越冬する。

Drosera macrantha

ドロセラ・マクランサ

オーストラリア原産の球根ドロセラ。長く伸びる茎をもち、30cm以上の草丈に生長する。茎の先端に丸みを帯びた捕虫葉をつけ、腺毛の先にキラキラした粘液をつける。日本では10月ごろに発芽し、翌年の4〜5月に枯れ、球根の状態で休眠する。

Drosera stolonifera

ドロセラ・ストロニフェラ

西オーストラリアに自生する球根ドロセラで、葉が密に生じてロゼットをつくるタイプや、20cmほど縦に伸びるタイプなどの変異がある。夏までに、地下茎を地中に伸ばしてその先端にひとつの塊茎をつくる。捕虫葉の形は丸ではなく、葉柄の部分がへこんでハート型に見える。

SARRACE

サラセニア

捕虫機能を備えた筒状の葉をもつサラセニア。開口部の上にある蓋や筒の入り口から分泌される甘い蜜で虫を引きつけ、筒の口からなかに落とし込んで捕まえる。葉の内壁には下に向かって硬い毛が無数に生えていて、落ちた虫が這い上がるのを阻止し、内部にたまった液体で溺れさせる。その後、バクテリアの力を借りて、消化・吸収を行っていると考えられる。捕虫はあくまで補助的に栄養を得るためで、基本的には根から水分を吸収し、光合成を行うことで生長している。

　北アメリカに自生するサラセニア属には、アラータ、フラバ、レウコフィラ、ミノール、オレオフィラ、ルブラ、プシタシナ、プルプレアの8つの原種が知られている。草丈が高いものや低いもの、柄や形状などに違いがあり、いずれも美しく観賞価値の高い食虫植物だといえる。原種だけでもバリエーションが豊富だが、分布域が重なるために自然交雑種もみられる。さらに、種間の交配も容易で人工交配種も数多く作出されていて、好みの種類を選ぶ楽しみがある。

NIA

サラセニアの栽培法

　サラセニアが自生する地域は、カナダ東部からアメリカ東海岸、南部へと広範囲にわたる。いずれも日当たりのよい、酸性の湿地に他の植物と混生している。春に太い根茎（バルブ）から筒状の葉を展開し、冬になると地上部の葉が枯れて休眠し、翌春にまた新芽を出す。

　栽培は、直射日光が当たる場所で行う。自生地でも他の植物に日光を遮られることのない土地に生えているためだ。水やりは腰水で。トレーなどの容器に水を張り、そのなかに鉢を置き、常に用土が湿った状態にしておく。食虫植物のなかでは比較的根が発達する種類だが、乾燥させないようにすることが大切だ。

　また、サラセニアの根は地下にまっすぐ伸びるため、植えつける鉢は深いタイプを利用する。用土は鹿沼土の小粒とピートモスを同量混ぜ合わせたものを使用するとよい。鉢底に軽石などを入れ、その上に用土を入れて植えつける。地下のバルブが横に這うようにして生育するので、2〜3年に一度は植え替えるとよい。その際、生長点を鉢の中心に配置して植えるのがポイントだ。植え替えの時期は、休眠期の12〜3月くらいが適している。

　繁殖は、株分けのほか、実生、根茎伏せが行える。もっとも容易な方法が株分けで、植え替え時にバルブの生長点が分離していれば分けることができる。たとえ根がない状態で分けてしまっても水苔を巻いて植えておけば発根する。実生の場合は、春に開花する花からタネを採ってばらまく。秋に熟したタネを種殻からとり、2月ごろにポットや育苗トレーに水苔、ピートモス、鹿沼土などの土を入れ、十分湿らせたあとタネをまく。タネは小さいので覆土する必要はない。日当たりのよい場所で、土が乾かないように管理すれば春に芽を出す。筒が3本くらいに生長したら鉢上げする。

　根茎伏せは、ハサミや手でバルブを切断したあと、葉をカットし、水苔や配合用土に植えておくと発根してくる。植え替え時に行うとよいだろう。

Sarracenia leucophylla

サラセニア・レウコフィラ

　和名はアミメヘイシソウ。筒の上部から蓋の部分が白色で、緑もしくは赤色の脈が入り、個体によって蓋の縁が波打つ美しい品種だ。脈の入りかたには変異があり、鑑賞価値が高く、色彩の異なるさまざまな園芸品種も作出されている。大型になる種で、草丈は1mを超すこともある。

S. leucophylla 'Live Oak Creek'

Sarracenia flava

サラセニア・フラバ

葉が垂直に立ちあがり、蓋が大きく、そのつけ根が細くくびれるのが特徴のサラセニア。大型になる種類で草丈は1m以上に生長する。自生地が広いために変種が多いのも特徴だ。筒全体が赤く色づくものや、蓋や筒に赤い脈が入るタイプなどがある。和名をキバナヘイシソウといい、春に黄色い花を咲かせる。

S. flava var. rogelii   S. flava var. atropurpurea   S. flava var. cuprea

Sarracenia rubra

サラセニア・ルブラ

　草丈20～30cmの小型種で、細
い筒が立ち上がる。葉数が多く、
葉に赤い脈が入るのが特徴だ。
亜種にルブラ、アラバメンシス、ウ
ェリー、ガルフエンシスなどがあり、
亜種によって蓋が細長くなり、波
打つものもみられる。

S. rubra ssp. *gulfensis*

Sarracenia oreophila

サラセニア・オレオフィラ

　かつてはフラバの変種とされて
いたサラセニアで、草姿もどこか
似ている。フラバに比べて蓋が膨
らみ、くびれも小さく、蓋先端の
突起が短い。栽培では、真夏の暑
さに弱い傾向があるので、風通し
と日当たりに注意する。

S. oreophila 'Boaz Pond'

サラセニアのなかでも小型で、葉は垂直に立ちあがるが、くびれが少なく、小さめのフタがつくのが特徴といえる。草姿はルブラに似ているが、脈の入りかたが多い。春先に花を咲かせ、花色は明るい黄色か淡いクリーム色。和名はウサギヘイシソウ。変種や改良品種も豊富。

Sarracenia alata
サラセニア・アラータ

S. alata 'Hill Top Lakes'

Sarracenia minor

サラセニア・ミノール

個性的な形状のサラセニアで、筒とフタが一体化し、筒の入り口に被さるように湾曲している。葉の上部に白い斑点が入り、内側には赤い編み目模様の脈がみられる。品種によっては、蓋の部分が赤く色づく。草丈のサイズは中型で、和名はコヘイシソウ。花茎も短めで、春に明るい黄色の花を咲かせる。

S. minor

Sarracenia purpurea
サラセニア・プルプレア

　草丈が20cmほどの小型のサラセニアで、もっとも扱いやすい品種。筒は太く寸胴で、曲線を描く。蓋には美しい脈が入って立ちあがり、その左右が内側に巻き込むような形状になる。基本種は赤紫に色づくために、ムラサキヘイシソウという和名がつけられている。自生地の分布域が広く、北方系と南方系に分かれ、亜種や変種のなかには、赤い色素をもたないものもある。春先に深い赤や黄色の花を咲かせる。

S. purpurea ssp.

S.psittacina var. *okefenokeesis*

Sarracenia psittacina
サラセニア・プシタシナ

葉が地面に沿うようにロゼット状に伸びる小型種。葉の先
端が丸く膨らみ、上部に虫を取り込む小さな入り口がある。
葉の内側には逆毛がたくさん生えている。基本的には葉に
赤い脈の模様が入るが、赤い色素のない品種もみられる。

S.psittacina 'Giant Form'

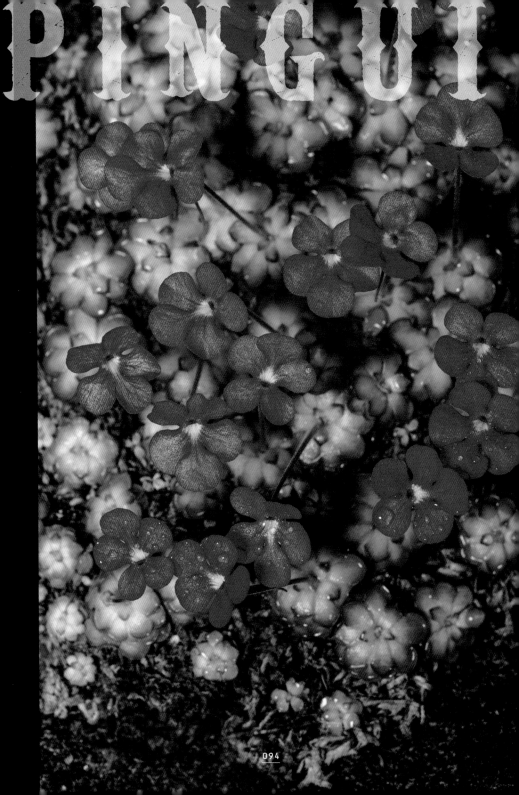

CARNIVOROUS PLANTS 05
PINGUICULA

ピンギキュラ

(花)が楽しめる食虫植物として人気が高いピンギキュラ。世界中の温帯から亜熱帯にかけて広く分布している小型種で、日本にもムシトリスミレとコウシンソウの2種が自生している。

ロゼット状に伸ばした葉の表面から粘液を分泌し、小さな虫を粘り着けて捕まえる。虫が葉の粘液に触れると、その刺激で虫に接する腺毛が縮んで葉の表面が浅く窪み、ここに消化液が溜まって、消化・吸収を行うという仕組みだ。湿地や荒れ地などの貧栄養地で、不足しているリンやチッ素などの栄養素を補っている。

ピンギキュラは、タヌキモ科の多年生植物で、現在80種ほどが知られている。アメリカンピンギ（温帯低地性）、メキシカンピンギ（熱帯高山性）、ヨーロピアンピンギ（温帯高山性）に分けられる。花は赤、ピンク、紫、白、黄などの色があり、また網目模様が入る種類もある。

ピンギキュラの栽培法

　ピンギキュラのなかで、最も種類が多く、花のバラエティーに富んでいるのは、メキシカンピンギと呼ばれる熱帯高山性のグループだ。園芸植物としての交配種もたくさん作出されている。ここではメキシカンピンギの栽培法を中心に紹介する。

　栽培下での日当たりは、直射日光を嫌うため、30〜50％ほど遮光して育成させるのがポイントになる。遮光した温室内、もしくは室内の明るい窓辺で栽培することができる。水やりは用土が乾かないうちに行うが、腰水でも育てられる。用土は水浸しにならない程度に、触ったら少し湿っているくらいがちょうどよい。また、空気中の湿度を好むので、適度に霧吹きを行うと状態よく生長する。秋になり、徐々に気温が下がってくるとともに水やりを控えていくと、冬芽をつくって休眠する。

　熱帯性といっても高山に自生しているので、ある程度の耐寒性をもっている。冬は5℃以上をキープできれば十分に越冬する。問題は夏の暑さで、室内栽培であればクーラーによって28℃を超えないように管理する。屋外では、風通しのよい明るい日陰で、できるだけ涼しい環境で栽培したい。

　植え込みに使う基本用土は水苔、もしくは鹿沼土とピートモスの配合土を利用する。鉢はプラスチックのポットが使いやすい。植え替えは真夏を除いていつでも可能だが、休眠期の冬に行うのがベスト。

　繁殖は、葉挿しや実生で行う。ピンギキュラはとくに葉挿しが容易で、一度にたくさんの株を殖やすことができる。葉を根元の基部から取り外して、湿らせた水苔に、基部を埋め込めば、1カ月ほどで発芽する。生長は速く、その後半年程度で親株に育つ。葉挿しは4〜5月ごろが適期。実生はあまり一般的ではないが、多くの品種でタネを採ることができる。開花期に人工授粉をすれば、交配種を作出することも可能だ。

夏の暑さにも強いアグナタと栽培が容易な普及種のワワパンを交配させたもの。深い紫色の花を咲かせる。

Pinguicula agnata × *Kuajuapan*

ピンギキュラ・アグナタ×ワワパン

Pinguicula agnata 'TrueBlue'

ピンギキュラ・アグナタ 'トゥルーブルー'

メキシコのヒダルゴ州に自生するピンギキュラで、丸みのある花弁をあざやかな紫色が縁取る。耐暑性のある丈夫な品種。

Pinguicula cyclosecta
ピンギキュラ・シクロセクタ

初心者でも栽培しやすい
メキシカンピンギ。現地
では山の崖などに自生す
る。小さな葉と大きめの
花が特徴で、夏から秋に
かけて開花する。

Pinguicula gypsicola
ピンギキュラ・ギプシコラ

3cm程度の細長い葉を伸
ばす珍しい形状のメキシ
カンピンギ。春から初夏
に紫色の花を咲かせる。
冬になると葉が鱗片状に
なって越冬する。

Pinguicula emarginata × gypsicola

ピンギキュラ・エマルギナータ × ギプシコラ

花弁のふちに切れ込みがあり、網目模
様が入るエマルギナータとギプシコラの
交配種。耐暑性があって栽培しやすく、
群生株では初夏にたくさんの花を咲か
せる。

Pinguicula moctezumae 'Very Big Flower'

ピンギキュラ・モクテズマエ
'ベリービッグフラワー'

メキシコ中部のモクテスマ渓谷で発見され
た種。葉は皮針形で細長く、明るいピンク
色の大きな花を咲かせる。適切な温度と湿
度を保てば、年間を通して開花する。

Pinguicula sp. 'Sumidero'

ピンギキュラ'スミデロ'

メキシコのスミデロ国立公園で採集された
ピンギキュラ。2系統あり、花の形状に違
いがある。栽培は容易。

Pinguicula moctezumae ×Kuajuapan

ピンギキュラ・モクテズマエ
×ワワパン

新種のモクテズマエと、モラネンシス系の栽培
種ワワパンを交配させた品種。あざやかな花色
が目を引く。

Pinguicula gracilis
ピンギキュラ・グラシリス

白くて可憐な花を咲かせるグラシリスは、夏の暑さがやや苦手。生育期には明るい日ざしを当てて育てる。

標高1000mほどの山地に自生する種。アグナタの近縁で、冬芽を形成しないタイプ。花は白色で濃い紫色で縁取られる。

Pinguicula Ibarrae
ピンギキュラ・イバラエ

Pinguicula planifolia
ピンギキュラ・プラニフォリア

北アメリカに自生するアメリカンピンギ。花は淡いピンク色で、葉が赤く色づくのが特徴。冬の寒さにも強く、栽培しやすい。

CARNIVOROUS PLANTS ⑥

UTRICULARIA

ウトリクラリア

水が豊富な湿地や水中に自生するウトリクラリアはタヌキモ科の仲間。水生種がタヌキモ類、地生種、着生種がミミカキグサ類に分類される食虫植物だ。世界中の温帯から熱帯にかけて広く分布し、200種以上が確認されている。

ミミカキグサ類は虫を捕まえる機能が地中にあり、葉や茎のつけ根の根茎に小さな袋状の捕虫嚢をもつ。虫が捕虫嚢近くの感覚毛に触れると、スポイトと同じような原理で水と一緒に吸い込んで捕まえる。タヌキモ類の捕虫も同じ仕組みで、ミジンコなどの微生物を吸い込んで消化・吸収している。

地上に小さなかわいらしい花を咲かせるのが特徴で、可憐な花を観賞する楽しみがある。とくにミミカキグサ類は品種によって多彩な花を楽しむことができる。日本には、ミミカキグサのほか、ホザキノミミカキグサ、ムラサキミミカキグサ、タヌキモ、イトタヌキモなどが自生する。

ウトリクラリアの栽培法

ウトリクラリアは湿地に生えるミミカキグサ類と水中性のタヌキモ類に分けられる。ミミカキグサ類のなかには可憐な小花を咲かせる種類のほかに、南米に自生するランのような大型の花を咲かせる着性種もある。

ミミカキグサ類は、日本産の種類などでは1年中屋外で栽培することが可能だが、温暖な地域から熱帯地方が原産の種類では冬の寒さに弱いため、室内もしくは温室で栽培する必要がある。草体が小さいので、ガラス容器なかでテラリウム、パルダリウムの素材として用いられることも多い。

日当たりを好む種類が多いので、室内栽培の場合は自然光が入る窓辺に置くか、高輝度のLEDライトなどを利用して栽培する。また、湿地に生息しているため水を好むので、腰水栽培が基本となる。用土には水苔やピートモスを使用。2〜3号程度の小ぶりなポットに植えつけると、葉が密生して花つきがよくなる。

亜熱帯から熱帯性のミミカキグサ類では、冬場は室内やガラスケース、温室などに取り込み、10℃以上を維持すれば問題なく生育する。湿地性のミミカキグサ類は、旺盛な繁殖力をもつ種類が多いため、株分けによって簡単に殖やせる。下草を適度にちぎって、水苔やピートモスに植えておけばすぐに定着する。

一方、タヌキモの仲間は水生種なので、水鉢など、水が入る容器を使って栽培することになる。幅30cm以上で、高さも30cm以上ある容器が好ましい。用土は赤玉土や荒木田土を使用し、容器の底に入れる。日光のよく当たる場所に置き、数週間後にミジンコなどの微生物が自然発生するような環境が理想的。ワラを少量刻んで入れておくと環境が整いやすい。その後、水中にタヌキモを入れて育成する。

Utricularia sandersonii

ウトリクラリア・サンダーソニー

ウサギゴケという和名で知られるウトリクラリア。
ウサギのような容姿の花が魅力で人気が高い。南
アフリカが原産で丈夫な品種。耐寒性もあり、凍
らない程度なら戸外でも越冬する。

Utricularia minutissima
ウトリクラリア・ミヌティシマ

東南アジアなどの熱帯地域に広く分布。濃紫色の花を咲かせる。比較的寒さには強く、5℃以上をキープして栽培する。

Utricularia livida
ウトリクラリア・リビダ

アフリカ南部やマダガスカルが原産のミミカキグサ類。花は白から薄紫色。丈夫で育てやすく、関東以南なら1年中戸外で栽培ができる。

Utricularia gibba
ウトリクラリア・ギッバ

水中に浮遊するタヌキモ類の一種で、和名はオオバナイトタヌキモ。南北アメリカとアフリカに分布し、日本の沼でも見られる外来種。性質はとても丈夫で栽培は容易。水鉢で抽水植物と一緒に育てるのがおすすめ。

写真下、左から順に

Utricularia dichotoma
ウトリクラリア・ディコトマ

オセアニア原産のミミカキグサ類。紫色の花は、グループのなかでも比較的大きくて立派。

Utricularia blanchetii
ウトリクラリア・ブランシェティ

ブラジルのやや標高が高い場所に自生する。薄紫色の可憐な花は、かすかに甘い芳香がある。

Utricularia graminifolia
ウトリクラリア・グラミニフォリア

東南アジアを中心に自生するウトリクラリア。アクアリウムではウォーターローンと呼ばれ、水中での育成も可能。

セファロタス

オーストラリアの南西部のみに自生する多年草で、一科一属一種の珍しい食虫植物。短い茎の先端に袋状の小さな捕虫葉をつける。この袋のなかに消化液をため、落ちた虫を消化・吸収する。和名のフクロユキノシタは、セファロタスの蓋がユキノシタの葉に似ていることに由来する。袋が大きくなるものや黒く色づくものなど、いくつかの栽培品種がつくられている。日当たりを好むが夏は遮光して育て、冬は室内に取り込む。

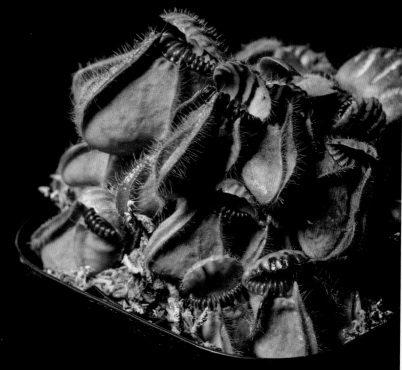

Cephalotus follicularis

CEPHALOTUS

ヘリアンフォラ

　サラセニア科、南米原産の食虫植物で、20種ほどが知られる。ギアナ高地のテーブルマウンテンに自生していて、標高は高いが雨量は多く、湿度が高い場所で生活している。筒状の葉の先に、スプーン状の小さな蓋をつけ、ここにある密腺で虫をおびき寄せている。夏の直射日光は苦手なので、50％程度の遮光を。冬は温室か水槽内に取り入れ、10℃以上に保温して育てるとよい。サラセニアと同様、株分けで殖やせる。

Heliamphora minor

HELIAMPHORA

Brocchinia reducta

ブロッキニア

　ブロメリアと呼ばれるパイナップル科の食虫植物。ブロッキニア属のレズクタ（*reducta*）とヘクチオイデス（*hectioides*）の2種だけが食虫植物として認められている。南米のギアナ高地に自生している種類だが、高温に強くて栽培は容易。乾燥にも強いため、腰水をしなくても問題ない。ただし筒のなかに水を貯めておくことが重要だ。冬は10℃以上を維持して育成するとよい。

BROCCHINIA

ALDROVANDA

アルドロバンダ

　ムジナモと呼ばれる水生種。かつて世界中に分布していたが、多くの自生地が消滅している。葉の先端に二枚貝状の捕虫器があり、内側にミジンコなどが触れると、すばやく閉じて捕まえる。冬には先端に越冬芽をつくって水底に沈む。葉の色には緑系と赤系がある。

Aldrovanda vesiculosa

DROSOPHYLLUM

ドロソフィルム

スペイン、ポルトガル、モロッコの乾燥した荒れ地に自生する。葉に生える腺毛から粘液を分泌し、虫を粘り着けて消化・吸収する。枝分かれした花茎から黄色の花を咲かせる。日当たりのよい場所で栽培を。乾燥に強く、丈夫で育てやすい。

Drosophyllum lusitanicum

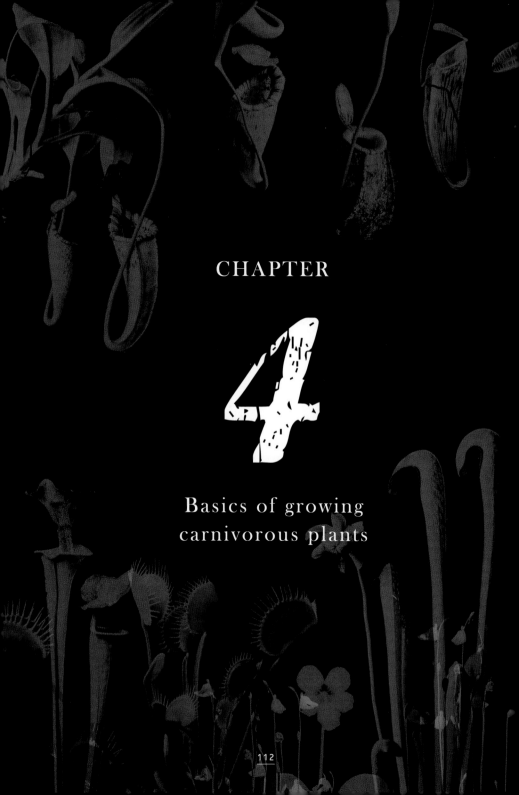

CHAPTER

4

Basics of growing
carnivorous plants

食虫植物
栽培の基本

普通の草花とは異なる性質をもつ食虫植物。一
般園芸種と同じ栽培方法ではうまくいかないこと
が多い。用土の種類や置き場所、水やりの仕方
など、食虫植物に特化した栽培法が必要になる。
その基本を紹介しよう。

食虫植物の名前

BE-3175 S　2020/01
N.spathulata

BE-3709　Ssize　2019/09
N.maxima x
N.(lowii x macrophylla)

食虫植物の苗について
いるラベルには、種を
特定する大切な情報が
書かれている。「N.」は
*Nepenthes*の省略記号
で、ネペンテス属のスパ
スラータ種であることが
わかる。

ネペンテスの交配種につ
けられたラベル。メス親
がマキシマで、オス親が
ローウィーとマクロフィラ
の交配種。複雑な交配
でもきちんと表記されて
いれば、種の履歴が明
確になる。

HIPS

ヒーローズ ピッチャー プランツ
web : hiros-pitcherplants.com

ラベルには種名のほか、
入手先や入手年月日を記
入しておくとよい。

　植物の呼び名には、流通名や和名が使
われることも多いが、食虫植物の場合は、
おもに学名が使われる。学名とは、生物
などの分類に用いる学問上の世界共通の
名称で、スウェーデンの生物学者リンネに
よって確立されたものだ。命名の方法や
形式は国際的な命名規約で決められ、ラ
テン語で表記される。
　植物も含めた生物の分類には、界、門、
綱、目、科、属、種の階級があり、学名に
よる種は「属名・種小名」で表される（二
名法）。属名の頭文字だけが大文字で、

Nepenthes alata

属名   種小名

ネペンテス属のアラータ種（上）と
サラセニア属のアラータ種（下）。種
小名だけでは、種を特定できない。

Sarracenia alata

属名   種小名

Dionaea muscipula 'Red Green'

属名   種小名   園芸品種名

ディオネア・ムスキプラ（ハエトリソウ）のレッドグリーンという園芸品種。

S. flava var. *rogelii*   サラセニア・フラバのルゲリーという変種。

属名   種小名   変種名
（省略）

variantの略。変種を表す符号で表記は正体

種小名との間を半角スペースで区切り、斜体で表記するのがルールとなっている。また、属が異なれば同じ種小名を使ってもよいので、属名がセットでないと種は特定できない。一度表記した属名は、他に出てる学名の頭文字が被らない限り省略することができる（*Nepenthes*では*N.*と表記）。種が同定できない場合は、種小名の代わりに「sp.」を使う。もし複数確認できたら複数形の「spp.」となる。

なお、種の下位分類には亜種がある。亜種とは種として分割するほどではない近縁な地域集団のことで、属名＋種小名＋亜種名で表記される。さらに、亜種と呼ぶには違いが小さく、区別できる程度の差異が認められる場合は変種となる。この場合、変種名の前に「var.」の表記が入る。

園芸品種の表記は、属名＋種小名＋'園芸品種名'で、アポストロフィーで囲むのが正式。頭文字は大文字で、斜体ではなく正体にする。他種で交配させた場合は、属名＋メス親の種小名×属名＋オス親の種小名として表記される。

LESSON 2

鉢と用土

下部のサイドにスリットが入ったプラスチック鉢。通気性がよく、根の生長を助ける。

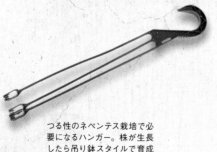

つる性のネペンテス栽培で必要になるハンガー。株が生長したら吊り鉢スタイルで育成する。

　園芸で用いられる鉢は、素焼き鉢や陶器鉢などいろいろな種類がある。基本的にどの種類を使っても問題ないが、食虫植物の栽培では用土の乾燥が抑えられるプラスチック鉢がよく使われる。とくにサラセニアや、ディオネア、セファロタスなどは根がまっすぐ下に伸びるので、縦に長い深鉢を用いるとよい。

　用土は水苔が基本になる。水苔は湿地環境を再現するのに最も適した素材といえる。ドロセラやピンギキュラ、ディオネアなどは、根のまわりを水苔で包み込むようにして植える。このほか、ネペンテスの植えつけでは、小粒の鹿沼土がよく利用される。粒が崩れにくく、水通りと水持ちがよい。水苔よりも植え替え頻度が少なくてすむというメリットもある。サラセニアなどには、ピートモスに鹿沼土などをブレンドした用土を使う場合もある。

水苔

食虫植物の基本用土として広く使われている素材。ニュージーランド産のものが品質が高く、扱いやすい。

鹿沼土

ネペンテスの植えつけなどに使用。左が顆粒で右が小粒サイズ。鉢底に小粒か中粒サイズを入れて、粒が小さな顆粒で植えつける。

ピートモス＋鹿沼土

サラセニアの基本用土には、ピートモスと鹿沼土の小粒を同量配合したものを利用する。

ヤシガラ

鉢土の表面にヤシガラを敷き詰めると、水やりの際に小さな粒の鹿沼土が移動せずに安定する。

植えつけ

ディオネアの植えつけ

1. ビニールポットで販売
されているハエトリソウ。

2. ポットをはずす。ピート
モスなどの用土で栽培され
ていることが多い。

3. 貯めた水のなかに根を
入れて用土を落とす。

4. 株の根元に根茎があ
り、新芽が出る方向を確
認する。

5. 根を水苔で覆う。生長
点が鉢の中心にくるように
植えるのがポイント。

6. 株がしっかり固定する
よう、水苔を加えて鉢に植
える。

7. ラベルを書き、たっぷ
り水やりしたら、日当たり
のよい場所で管理する。

ネペンテスの植え替え

1. 育った株を植え替える。種類は、ベントリコーサとアンプラリアの交配種。

2. まず枯れ込んだ葉や袋をハサミでカットする。

3. プラスチックの鉢から株をていねいに取り外す。

4. 根についている用土を手で払う。古い土はなるべく取り除くとよい。

5. 古い土を落とした株。ネペンテスの根は比較的細く、あまり発達しない。

6. 株を植えつけるときの高さを確認。深めに植えると株が安定する。

7. ひとまわり大きい鉢を用意し、そこに小粒の鹿沼土を入れる。

8. 株を鉢のなかに配置したら、サイドから顆粒の鹿沼土を入れて植えつける。

9. 土の表面にはヤシガラを敷き詰める。水やりの際に鹿沼土が移動しない。

10. 植え替えの完成。鉢の中央に茎を配置し、深めに植えるとよい。

11. ラベルを忘れずに移動しておく。

12. たっぷり水やりし、ハンガーをつけ、吊り鉢にして育てる。

　ディオネアやドロセラ、ピンギキュラなどは水苔だけで植えつける。根が細く弱々しいものが多いので、水苔でやさしく根を包み込むようにして植えるとよい。ネペンテスの場合は鹿沼土で植えるのが基本となる。また、食虫植物全般にいえることだが、すべてが貧栄養地で育つ種類なので、特別に肥料を施す必要はなく、あえて虫を与える必要もない。光合成と水分の吸収だけで十分に美しく育てられる。

LESSON 4

日当たり

ネペンテスのハウス栽培。基本的には1年中日当たりのよい場所で育てるが、夏、遮光が必要な種類もある。

湿地に育つサラセニアは、太陽の光が大好き。

　全般的に日当たりを好むというのが、食虫植物の大きな特徴だ。その理由は、自生地の環境を考えるとわかりやすい。食虫植物の捕虫機能は、貧栄養の土地に進出することで蓄えられたと考えられ、その場所は他の植物が生えにくく、遮るものが少ないために日がよく当たる。食虫植物の特異な草姿から、深いジャングルの薄暗い場所でひっそり暮らしていると勘違いして、日陰で栽培してしまうと、絶対にうまく育たない。

　1日中、直射日光が当たる場所に置くのがベストだ。日当たりの悪い場所で育てると、茎や葉が細長く徒長し、色もあせてしまう。ただし、ネペンテスは熱帯地域の山地に自生するため、夏の強い直射日光を苦手とする種類もあるので注意する。

　また、風通しも大切な要素になる。とくに梅雨時や夏場は蒸れやすいので、十分なスペースをとって配置したり、温室内ではファンを回したりするとよい。このほか、害虫のリスクを軽減するため、鉢は地面に直接置かず、花台や栽培棚の上にのせて育てると安心だ。

　冬期は耐寒性のある種類はそのまま外で栽培できるが、熱帯性の種類は室内や温室に移動し、保温や保湿のための工夫が必要になる。

水やり

トレーなどに水を張って、鉢底から給水させる腰水。

ネペンテスでは腰水ではなく、表土が乾いたらジョーロなどで水やりするのが一般的。

食虫植物の栽培では、水やりも重要なポイントになる。食虫植物の多くは湿地に生えているため、水を好む性質が強く、水を切らさないようにして管理することが大切だ。そのもっとも手軽な方法が腰水である。トレーなどの受け皿に、2〜3cmほどの水を張り、そこに鉢を浸けておく。鉢底の穴から給水する方法で、頻繁な水やりする必要がなくなる。ただし、こまめな水やりが可能であれば、腰水を行う必要はない。

腰水の場合、受け皿の水が少なくなっ

たらそこに水を足し、完全に水がなくならないように管理すればよい。とくに夏の高温が続く時期には水分が蒸発しやすく、生長期の植物もたくさん吸収するため、水がなくなりやすいので注意しよう。また、腰水の水が深くなりすぎないように気をつけたい。水やりをより楽にするため、深い容器で腰水を行い、鉢のなかがびしょびしょの状態だと、根が呼吸できずに腐ってしまうことがある。頻繁に世話ができない場合は、自動灌水機を設置し、タイマーで水やりする方法もある。

殖やしかた

ネペンテスの挿し木

1. 大きく育った株（キハチジョウ）の長く伸びた茎を利用して挿し木を行う。

2. 長く伸びた茎をカットする。

3. 新芽が出る生長点を残し、その上2cm程度の部分で切りとる。

ネペンテスの殖やしかたで最も一般的なのは挿し木だ。長く伸びた茎をカットし、15cm程度の挿し穂をつくって用土に挿す。

ネペンテスの発芽点は、葉のつけ根の少し上にあるのが特徴だ。2節ほど残し、発芽させたい生長点の1〜2cm程度上をハサミでカットする。このとき、水を張ったバケツのなかで行うとよい。用土は鹿沼土の小粒を用いる。まず、挿し穂の上下を間違えないようにし、発芽する方向を意識してしっかり植え込む。ラベルには種名のほかに挿し木した日付けを入れておくとよい。

季節にもよるが約1カ月で発芽し、2カ月ほどで発根する。大きな鉢や育苗トレーなどに挿した場合は、発根後に個別の鉢に定植する。植えつけ後しばらくは明るい日陰で、水を切らさずに管理しよう。

このほか、花を咲かせてタネを採り、それをまいて苗を育てる実生もよく行われている繁殖法だ。メリットは一度にたくさんの苗をつくれることだが、育成の時間

4. 葉は蒸散を防ぐために3分の1程度を残して切っておく。

5. 挿し穂をつくる長い茎。2節を残してカットしていく。

6. 挿し穂をつくる。葉のつけ根にある生長点の上で、水切りする。

7. プラスチック鉢と鹿沼土を用意して挿し穂を植える。

8. 新芽が出る方向を意識して斜めに植えるとよい。ラベルも忘れずに。

9. 水切れを起こさないように、発芽するまでは腰水で管理する。

ネペンテスの実生

左が雄花で、右が受粉後の雌花。

ネペンテスのタネは細長い糸状。風に乗って遠くに運ばれる。

十分に湿らせたピートモスの上にタネをまく。覆土は必要ない。

発芽するまで1カ月程度かかる。

ふた葉のあとに本葉をつけるが、本葉の先には小さな袋も確認できる。

がかかることや、発芽までの管理や幼苗の管理に手間がかかるため、初心者向きとはいえない。栽培の上級者になると、異なる種を交配させて新しい表現を追求する人も多い。

　ネペンテスの場合、雌雄異株なので、それぞれが同時に開花したときにだけ受粉が可能になる。雌花に雄花の花粉をつけて受粉させると、雌花の子房が膨らみ、糸状の細長いタネが採れる。タネの発芽温度は20℃以上なので、育苗することを考えると、6〜7月に発芽させたい。用土

サラセニアの株分け

1. 大株に生長したサラセ
ニア。根詰まりを起こすと
うまく育たない。

2. ポットをはずして、根に
ついた土を水のなかで落と
す。

3. 根茎の生長点を確認し
ながら、手でていねいに株
を分ける。

4. 適度なサイズに株を分
ける。

5. 小さく分けた株には水
苔を使って根元をまく。

6. 少しきつめに水苔を入
れてしっかり植え込む。

7. 大きめの株は、ピートモ
スと鹿沼土のブレンド用土
で植えつける。バルブの生
長点が鉢の中央にくるよう
に植えるとよい。

8. 長い葉は支柱を立てて
固定しておく。しばらく腰
水で管理するとよい。

にはピートモスなどを利用し、水を切らさ
ないように腰水で管理する。発芽して本
葉が数枚出るまでに適宜間引きし、葉が
5枚以上になったら鉢に植えつける。
　さらに食虫植物では、株分けや根伏せ、
葉挿しなども代表的な繁殖法として知ら

れている。サラセニアなどは株分けで簡
単に殖やせる。生長した大株の根元を手
で分けて、それぞれを植えつける。株分
けは冬の休眠期に行うとよい。ピンギキ
ュラは葉挿しがおすすめ。真夏を除けば
いつでも殖やすことができる。

INDEX

Hiro's Pitcher Plants
ヒーローズピッチャープランツ

1

2

3

4

1. 広大な敷地で多品種の食虫植物を生産するヒーローズピッチャープランツ。中央が代表の鈴木廣司さん。2. 原種から交配種まで、多彩な品種を育苗している。3. 360坪の敷地に13棟のハウスが建つ。4. 山梨食虫サミットにて、講習会の様子。

　山梨県北杜市に農場を構えるヒーローズピッチャープランツは、食虫植物だけを扱う専門性の高いナーセリーとして知られる。ネペンテスやサラセニア、ハエトリソウ、ドロセラ、ウトリクラリアなどを育苗するが、一般種を大量生産するのではなく、多岐にわたる品種を取り扱っているのが特長だ。各品種の個性を十分に引き出して販売するというスタイルによって付加価値をつけ、幅広い愛好家の要望に応えている。とくにネペンテスには力を入れていて、なかでも高地性ネペンテスではマニア垂涎の品種を豊富に育てている。

　さらに、代表の鈴木廣司さんは日本うつぼかずら協会を設立し、栽培技術の向上を目的にネペンテスの品評会を開催。今後は洋ランにならい、交配種をわかりやすく分類したリストを制作する予定だ。

監修
鈴木廣司 (すずき ひろし)

1979年千葉県生まれ。2015年に合同会社HIPS（ヒップス）を設立し、食虫植物専門店ヒーローズピッチャープランツを始動させる。食虫植物全般を生産するが、とくに栽培が難しいハイランド系のネペンテスを得意とし、趣味家の注目を集めている。全国の植物販売イベントに参加するほか、日本うつぼかずら協会を立ち上げ、食虫植物の普及に力を注いでいる。

アレンジ制作
広瀬祥茂 (ひろせ よしたか)

アクアテラリウムの元祖として知られる「ヒロセペット」のクリエイティブマネージャー。アクアリウムのほか、小型容器を使ったテラリウムや、陸上の植物だけを用いる大型のパルダリウムなども手がけ、作品の幅を広げてきた。アクアリウムイベントで行われるレイアウトコンテストの受賞歴も豊富で、ダイナミックな地形づくりと、植物の繊細な植栽で高い評価を受けている。

ヒーローズピッチャープランツ
山梨県北杜市大泉町西井出4856
https://hiros-pitcherplants.com

ヒロセペット谷津店
千葉県習志野市谷津4-8-48
https://hirose-pet.com

● 撮影写真協力

大西舜悟
中村英二

● 参考文献

カラー版 食虫植物図鑑（家の光協会）
カラーブックス 食虫植物（保育社）
世界の食虫植物図鑑（日本文芸社）
食虫植物育て方ノート（白夜書房）
マジカルプランツ（山と渓谷社）
サラセニア・アレンジブック（誠文堂新光社）

● 制作スタッフ

表紙・本文デザイン	平野 威
写真撮影	平野 威
編集・執筆	平野 威
	（平野編集制作事務所）
企画	鶴田賢二
	（クレインワイズ）

| 栽 培 の 教 科 書 シ リ ー ズ |

食虫植物
不思議な生態と品種の美しさ
栽培の基本がわかる入門ガイド

2021年9月13日　初版発行

発行者	笠倉伸夫
発行所	株式会社笠倉出版社
	〒110-8625　東京都台東区東上野2-8-7 笠倉ビル
	☎0120-984-164（営業・広告）
印刷所	三共グラフィック株式会社

©KASAKURA Publishing Co,Ltd. 2021 Printed in JAPAN

ISBN978-4-7730-6126-0